BEI GRIN MACHT SICH IHR WISSEN BEZAHLT

- Wir veröffentlichen Ihre Hausarbeit,
  Bachelor- und Masterarbeit

- Ihr eigenes eBook und Buch -
  weltweit in allen wichtigen Shops

- Verdienen Sie an jedem Verkauf

Jetzt bei www.GRIN.com hochladen
und kostenlos publizieren

Bibliografische Information der Deutschen Nationalbibliothek:

Die Deutsche Bibliothek verzeichnet diese Publikation in der Deutschen National-bibliografie; detaillierte bibliografische Daten sind im Internet über http://dnb.d-nb.de/ abrufbar.

Impressum:

Copyright © 2009 GRIN Verlag, Open Publishing GmbH
Druck und Bindung: Books on Demand GmbH, Norderstedt Germany
ISBN: 9783668586871

Dieses Buch bei GRIN:

http://www.grin.com/de/e-book/383223/geschichte-der-menschenrechte-ein-ueberblick

Dominic Dehmel

Geschichte der Menschenrechte. Ein Überblick

GRIN Verlag

GRIN - Your knowledge has value

Der GRIN Verlag publiziert seit 1998 wissenschaftliche Arbeiten von Studenten, Hochschullehrern und anderen Akademikern als eBook und gedrucktes Buch. Die Verlagswebsite www.grin.com ist die ideale Plattform zur Veröffentlichung von Hausarbeiten, Abschlussarbeiten, wissenschaftlichen Aufsätzen, Dissertationen und Fachbüchern.

Besuchen Sie uns im Internet:

http://www.grin.com/

http://www.facebook.com/grincom

http://www.twitter.com/grin_com

Philipps-Universität Marburg
Fachbereich 03: Gesellschaftswissenschaften und Philosophie
Institut für Politikwissenschaft
Proseminar: Internationale Beziehungen
Sommersemester 2009, 27.07.2009

Verschriftlichung des Referats über das Thema der Menschenrechte - von der Vergangenheit bis zur Zukunft. Die Geschichte der Menschenrechte und deren Verletzungen.

Dominic Dehmel

FS: Politik und Wirtschaft (02), Mathematik (02) und Geschichte (01) – modularisiertes
Lehramt für Gymnasien

Inhaltsverzeichnis

I. Einleitung

Diese Verschriftlichung wird sich mit dem Thema der Menschenrechte befassen, wobei ich wegen des Umfangs nicht detailliert alles betrachten und erläutern kann, jedoch hoffe ich durch die Anlagen eine gute Ergänzung zu dem Geschriebenen geschaffen zu haben. Die Menschenrechte sind ohne Zweifel wichtig und heutzutage unentbehrlich, jedoch ist der Weg zu den heutigen Menschenrechten nicht einfach gewesen. Deshalb möchte ich im zweiten Kapitel die Geschichte der Menschenrechte, von den Anfängen der Antike über das Mittelalter bis hin zur Aufklärung erläutern. Dort sollen erste Ideen und Abkommen erwähnt werden, die erstmals für einen Großteil der Menschen gelten sollten und nicht mehr, wie bisher, für die herrschenden und meist adligen Schichten. Das dritte Kapitel befasst sich mit den heutigen Menschenrechten global und im europäischen Kontext, also in dem Zeitraum von 1948 bis heute. Dort werde ich die wichtigsten Menschenrechtsabkommen vorstellen, die für alle Menschen gelten sollen, egal welches Geschlechts, Hautfarbe, Religion sie sind. Im vierten Kapitel stelle ich kurz die Institutionen und Organe, wie zum Beispiel die NGO's, zur Einhaltung und Überwachung der Menschenrechte vor. Das wohl wichtigste Kapitel 5 wird sich mit den Menschenrechtsverletzungen beschäftigen, wobei ich hier Beispiele von Menschenrechtsverletzungen aus der ganzen Welt erzählen werde, sodass man sehen kann, dass Menschenrechtsverletzungen auch in demokratischen Ländern stattfinden. Das letzte Kapitel wird ein Resümee von mir beinhalten, in dem ich eine Prognose wagen werde, in welche Richtung die Menschenrechte und die Menschenrechtsverletzungen gehen werden.

Ich habe mir gedacht, da sich diese Verschriftlichung mit dem Thema der Menschenrechte befasst, werde ich diese zuerst definieren. „Menschenrechte [sind die Rechte], die dem Einzelnen aufgrund seines Menschseins zustehenden Elementarrechte, die ihm unveräußerliche freiheitsbewahrende Rechtspositionen gewähren und Achtungsansprüche, insbesondere gegenüber dem Zugriff der Herrschergewalt, verschaffen" (Schmidt: 2004: 443). Ich hoffe, dass in der folgenden Verschriftlichung diese Definition erläutert wird und man weiß, dass diese Elementarrechte einen langen harten Kampf hinter sich hatten.

II. Geschichte der Menschenrechte

Aus dieser Definition kann man noch nicht erkennen, dass die Wurzeln oder die Idee der Menschenrechte über 2.500 Jahre alt ist, denn schon damals erkannten Platon und Aristoteles, dass der Mensch, in diesem Fall nur die Männer, ein vernunftbegabtes Wesen ist und seine Erfüllung in der Teilhabe am Staat ist. Sie sagten aber auch, dass der Staat und seine politische Ordnung aus dem natürlichen Wesen des Menschen ausgeht (Herrmann: 2007: 7). Die Schule der Stoa, welche auch die bekannteren Philosophen Seneca und Mark Aurel angehörten, ging einen Schritt weiter, denn so sollten alle Menschen gleich und frei sein (Herrmann: 2007: 7). Erfolg hatten diese Ideen jedoch nicht, was man daran erkennen kann, dass es immer noch die Sklaverei gab.

Jahrhunderte später, im Mittelalter, hielt man sich an den Satz, der in der Bibel steht, dass Gott den Menschen, als Mann und Frau, nach seinem Bilde geschaffen hat, denn so musste kein unfreier Bauer durch die Lehenspyramide Angst um seine Existenz haben, denn der jeweilige Lehnsherr kümmerte sich um die minimale Existenz und den Schutz seiner Untertanen (Herrmann: 2007: 7). Jedoch galt diese minimale Existenzsicherung nicht für Ketzer oder „Ungläubige", denn die katholische Kirche hat mit Verbrennungen viele Menschen umgebracht, weil diese kein Recht auf Leben haben, wenn sie nicht an Gott (christlich) glaubten (Herrmann: 2007: 8). In England wurden dann zum ersten Mal Rechte festgeschrieben. In der Petition of Rights (1628), Habeas-Corpus-Akte (1679), Magna Carta Liberatum (1215) und Bill of Rights (1689) stand unter anderem, dass es keine willkürlichen Verhaftungen mehr geben darf und man das Recht auf einen gesetzlichen Richter hat (Herrmann: 2007: 10 und Baylis: 2008: 510).

Die Aufklärung (Erklärung der Menschen und Bürgerrechte von 1789), die Amerikanische Unabhängigkeit (Virginia Declaration of Rights und Amerikanische Unabhängigkeitserklärung von 1776) und das Naturrecht haben das Fundament gelegt, auf denen die heutigen Menschenrechte beruhen (Carlsnaes: 2002: 517). In ihnen steht, dass jeder Mensch gleich ist, egal welche Rasse, Religion oder Hautfarbe er hat, und dieselben Rechte hat, aber auch das Recht gegen staatliche Unterdrückung vorzugehen. Außerdem wird dort erstmals die Meinungs- und Pressefreiheit festgeschrieben (Herrmann: 2007: 12). Die von Charles de Montesquieu entwickelte Gewaltenteilung sollte für die Sicherung dieser Rechte dienen, denn kein Staatsorgan sollte so die absolute Macht ausüben (Herrmann: 2007: 9).

III. Heutige Menschenrechte

Doch erst 150 Jahre später, am 10.12.1948 nach dem zweiten Weltkrieg, bei dem viele Millionen Menschen umgebracht wurden und ein großes Elend herrschte, konnten die Vereinten Nationen die „Allgemeine Erklärung der Menschenrechte" bekannt geben und die am Anfang erwähnte Definition festschreiben. In 30 Artikeln (siehe Anlage 1) werden dort Rechte festgelegt, basierend auf denen der Französischen Revolution und der Amerikanischen Unabhängigkeit, jedoch erweitert, wie zum Beispiel um das Recht auf freie Berufswahl (Humanrights.ch: 2006: Internetquelle). In wie weit diese Rechte eingehalten werden, möchte ich später noch erläutern. Im selben Zeitraum, nämlich am 4.11.1950 wurden von den europäischen Staaten die „Europäischen Menschenrechtskonventionen" verabschiedet (List: 2006: 176), welche sich inhaltlich nicht von den Menschenrechten der UNO unterscheiden, jedoch bei deren Durchsetzung (Herrmann: 2007: 17), worauf ich ebenfalls später eingehen werde. Die UNO-Menschenrechte wurden 1966 durch 2 weitere Pakte, den internationalen Pakt über wirtschaftliche, soziale und kulturelle Rechte und den internationalen Pakt über bürgerliche und politische Rechte, wo nun weitere Rechte (wie beispielsweise das Verbot der Sklaverei oder das Recht auf Arbeit) festgeschrieben wurden (Carlsnaes: 2002: 518). Mit all diesen Konventionen gab es nun erstmals global eine Grundidee von Menschenrechten, die für jeden Menschen gelten sollen, egal wo er lebt.

IV. Institutionen und Organe zur Einhaltung und Überwachung der Menschenrechte

Das Problem welches sich jedoch jetzt ergibt sind die unzähligen Verletzungen eben dieser Rechte, in sowohl europäischen als auch in afrikanischen Ländern, und deren Durchsetzung. In dem folgenden Abschnitt möchte ich deshalb auf die Institutionen eingehen, welche dafür verantwortlich sind, diese Menschenrechtsverletzungen zu ahnden und dafür sorgen, dass die Menschenrechte eingehalten werden. In Europa gibt es den „Europäischen Gerichtshof für Menschenrechte" mit Sitz in Straßburg (Baylis: 2008: 514), welcher die meisten Befugnisse und Sanktionsmöglichkeiten im globalen Vergleich hat, denn er ist die einzige Institution, welche Länder verklagen kann und dabei von jeder Person angerufen werden kann, der den nationalen Instanzweg bereits durchlaufen hat (Schimmelfenning: 2008: 270). Weshalb die UNO nicht ein solches Gremium hat, liegt an der Struktur der UNO. Jedes Mitglied hat seine innere Souveränität, welche von außen nicht gestört werden darf. Außerdem ist es, anders als in der EU, weil alle EU-Länder die Europäischen Menschenrechtskonventionen unterschreiben müssen, keine Pflicht die 2 internationalen Pakte von 1966 zu ratifizieren (List. 2006: 176). Doch selbst wenn Staaten diese Pakte ratifizieren, dann bleiben die Folgen bei Verstößen gering, denn der „Menschenrechtsrat" mit Sitz in Genf, kann Verstöße nur publik machen und dokumentieren (Herrmann: 2007: 57). Doch die UNO ist nicht eine Institution, die bei massiven Menschenrechtsverletzungen nicht eingreifen kann, denn der Weltsicherheitsrat kann, wie erstmals in Bosnien-Herzegowina, humanitäre Interventionen legitimieren (Schimmelfenning: 2008: 270), jedoch ist er bei der Durchsetzung auf regionale Organisationen, wie zum Beispiel die NATO oder EU, angewiesen, welche die Legitimation noch stärken und die logistischen und finanziellen Mittel bereitstellen (List: 2006: 182). Diese Beschlüsse des Weltsicherheitsrates sind aber die Ausnahme, denn die Zusammensetzung erlaubt es den 5 Vetomächten, darunter die USA, China und Russland, welche selbst Menschenrechte verletzen, ihr Veto einzulegen und so den Prozess zu stoppen, welcher nötig wäre, um eingreifen zu dürfen (List: 2006: 179). Was dem Weltsicherheitsrat ebenfalls fehlt, ist eine höherrangige richterliche Kontrolle, wie es sie in Europa durch den Gerichtshof für Menschenrechte gibt. Diese Kontrolle wäre etwa durch den Internationalen Strafgerichtshof denkbar (List: 2006: 179). Aber warum dieses Gremium sich nicht dazu entschließen kann, will ich im letzten Abschnitt erläutern. Eine weitere Institution, die gegen Kriegsverbrechen und Völkermord und damit einhergehenden Verbrechen gegen die Menschlichkeit, geschaffen wurde, ist der bereits eben genannte Internationale Strafgerichtshof, welcher durch UN-Tribunale ergänzt wurde (siehe dazu auch Anlage 2), und seinen Sitz in Den Haag hat (Herrmann: 2007: 59). Vor diesem Gericht werden Kriegsverbrecher verurteilt, wie zum Beispiel der ehemalige Kriegsverbrecher in Bosnien-Herzegowina Milosovic, doch ist diese Institution auf Mithilfe und Kooperation von den einzelnen Staaten angewiesen, weil der Internationale Strafgerichtshof keine polizeiliche Gewalt hat, und so die einzelnen Länder flüchtige Personen in Gewahrsam nehmen und überstellen müssen (Herrmann: 2007: 59).

Einen wichtigen Beitrag bei der Publikation von Menschenrechtsverstößen sind Non-Governmental-Organizations (NGOs) wie zum Beispiel Amnesty International, Reporter ohne Grenzen oder Human Rights Watch, welche durch Öffentlichkeitsarbeit, Demonstrationen oder Berichte an Regierungen oder die UNO auf Menschenrechtsverletzungen aufmerksam machen (Baylis: 2008: 508 und Herrmann: 2007: 59-60). Aber auch Intergovernmental-Organizations (INGOs) wie der Internationale Währungsfond oder der Commonwealth haben erkannt, dass Sie ihren Beitrag dazu leisten müssen, dass weniger Menschenrechte verletzt werden (Baylis: 2008: 508).

V. Menschenrechtsverletzungen

Doch wo genau und durch wen werden Menschenrechte verletzt? Die letzten 60 Jahre seit Erklärung der UNO-Menschenrechte haben gezeigt, dass Menschenrechtsverletzungen überall, auch in demokratischen Staaten stattfinden. Die offensichtliche Verletzung der Menschenrechte durch Krieg ist allgegenwärtig, nicht zuletzt durch den „Krieg gegen den Terror", bei dem viele Menschen, egal wo sie leben – ob in dem Land, in dem Krieg geführt wird, oder in dem Land, welches den Krieg führt – unter schlechten Lebensbedingungen und Angst vor Verlust des eigenen Lebens leben müssen (Herrmann: 2007: 54-56). Doch nicht nur in Guantánamo werden Menschenrechte verletzt, in der sudanesischen Provinz Darfur herrscht Bürgerkrieg und ein Ende der Gewalt ist noch lange nicht in Sicht, stattdessen ist die Wahrscheinlichkeit groß, dass Folter, Mord, Vergewaltigung und Vertreibung, gefolgt von Krankheiten und Hunger, weiterhin einen Großteil der Bevölkerung treffen werden (Herrmann: 2007: 35). Aber auch in Ländern, wo kein Bürgerkrieg herrscht, werden Menschenrechte verletzt, wobei China das populärste Beispiel ist, weil es die letzte Zeit wieder in den Medien war. In „Urumqi" wurde die aufständige Bevölkerung durch massives Polizei- und Soldatenaufgebot und durch eine manipulierte Medienkampagne eingeschüchtert (Bartsch: 2009: 15). Bei den olympischen Spielen in Peking und letztens auch bei den Präsidentenwahlen im Iran wurde die Presse- und Meinungsfreiheit verletzt, weil ausländische Reporter des Landes verwiesen wurden oder sie erst gar keine Berichterstattung tätigen durften. Aber auch das Internet wurde zensiert – sodass keine „systemkritische" Meinungsäußerung mehr möglich war (vgl. Herrmann: 2007:24-26). Was viele Menschen nicht mehr wissen, auch in Deutschland, genauer in der Bundesrepublik der Siebziger, wurde ein Berufsverbot, als Reaktion auf den Terror der Roten Armee Fraktion (RAF), durch den „Extremisten-Beschluss" ausgesprochen (List: 2006: 177). Heutzutage gibt es allerdings, nicht nur in Deutschland, sondern in vielen anderen Ländern auch, eine nicht so offensichtliche Form von Menschenrechtsverletzungen, nämlich die Diskriminierung von Ausländern, Frauen und Homosexuellen (Schilling: 2008: 11 und Herrmann: 2007: 27). Diese Bevölkerungsgruppen werden teilweise mehr, teilweise weniger stark diskriminiert, je nachdem, wo sie Leben. In Deutschland ist die Gefahr des Rassismus sehr hoch, denn durch Parteien wie die NPD oder andere rechtsextreme Organisationen, wird ausländerfeindliches Gedankengut gestreut, was dazu führt, dass Asylbewerberheime niedergebrannt, Asylbewerber zusammengeschlagen oder gar ermordet werden (vgl. Herrmann: 2007: 27). Dagegen werden in der Türkei die Kurden oder in Israel die Palästinenser unterdrückt (Carlsnaes: 2002: 519 und Herrmann: 2007: 28-29). Folter wird in vielen Ländern praktiziert, wie zum Beispiel in den USA (mit dem Gefangenenlager Guantanamo) oder in China. In Deutschland kam es aber auch zu Folter, auch wenn diese im Nachhinein geahndet wurde, nämlich im Fall „Magnus Gäfgen" (Schilling: 2008:16-17). Eine weitere Handlung von Staaten wird im Rahmen der Menschenrechte fragwürdig, in denen das Recht auf Leben (Artikel 3 – Allg. Erklärung der Menschenrechte) niedergeschrieben ist, nämlich die staatliche Tötung – die Todesstrafe. Wie man in der Grafik im Anhang erkennt (siehe Anlage 3), wird in der Mehrzahl der Staaten die Todesstrafe angewandt, was eine „nicht wieder gutzumachende Verletzung der Menschenwürde" bedeutet (Herrmann: 2007: 35). In vielen Ländern der Dritten Welt werden, wie zur Zeit der europäischen Industrialisierung (Schilling: 2008: 7-8), Frauen und Kinder benachteiligt. Sie müssen unter unmenschlichen Bedingungen über weite Strecken Wasser holen oder in Fabriken und Bergwerken oder Minen arbeiten, manchmal sogar unter Zwang, sodass sie keine angemessene Bildung oder medizinische Versorgung erlangen können (Herrmann: 2007: 36-38). Doch die schlimmste Ausbeutung von Kindern ist deren Einsatz als Kindersoldaten, nachdem sie entführt und „ausgebildet" wurden, denn sie werden nach den begangenen Gräueltaten traumatisiert sein und kein normales Leben nach Ende des Krieges führen können, entweder weil sie umkommen oder weil sie verstümmelt werden oder wie schon gesagt, psychisch nicht darüber hinwegkommen (Herrmann: 2007: 38-39 und vgl. Carlsnaes: 2002: 520). Im Islam herrscht aber eine Ordnung, die Scharia, vor, wo Frauen diskriminiert werden. Wegen diesem Widerspruch, religiöse Freiheit auf der einen und Achtung der Menschenwürde und Gleichberechtigung von Mann und Frau auf der anderen Seite, ist es schwierig Muslime davon zu überzeugen, dass man nicht jemanden umbringen muss, um „die Familienehre" wiederherzustellen, abgesehen davon, dass Mord in den meisten nicht islamischen Staaten geahndet und verboten wird (Herrmann: 2007: 42-44).

VI. Resümee

Zum Schluss möchte ich noch ein Resümee abgeben und eine Prognose wagen, in welche Richtung die zukünftige Entwicklung der Menschenrechte gehen wird. In den vorherigen Abschnitten habe ich beschrieben, wie es zu den heutigen Menschenrechten kam, welche Institutionen und Organisationen für deren Überwachung und Einhaltung zuständig sind und welche Menschenrechte anhand von Beispielen verletzt werden. Um die Menschenrechte noch weiter zu etablieren, ist es wichtig die Zusammenarbeit mit ärmeren Ländern zu verstärken, denn die Globalisierung allein kann dies nicht schaffen. Aber auch eine globale Institution, wie der Internationale Strafgerichtshof oder der Menschenrechtsrat, muss mit den nötigen Befugnissen ausgestattet werden, während gleichzeitig der Weltsicherheitsrat reformiert werden muss (List: 2006: 179), damit die Menschenrechte durchgesetzt werden können, weil „öffentliche Dokumentation" nicht ausreicht (vgl. Herrmann: 2007: 57). Aber auch mit der jetzigen Struktur des internationalen Systems wäre eine Verbesserung der Menschenrechte zu erreichen, denn wenn die Veto-Mächte im Weltsicherheitsrat ihre wirtschaftlichen Interessen hinter die Menschenrechte zurückstellen würden, dann würden Menschenrechtsverletzungen schneller Konsequenzen nach sich ziehen und so abschreckend wirken könnten (vgl. Herrmann: 2007: 54). Die innere Souveränität kann durch rechtskräftige Unterzeichnung der UNO-Pakte von 1966 und anderer Konventionen, auf die ich nicht eingegangen bin, „umgangen" werden, weil sich so die Staaten selbst dazu verpflichten, mit allen Konsequenzen, die dort festgeschriebenen Menschenrechte einzuhalten (vgl. List: 2006: 176 und Herrmann: 2007: 58). Ich denke, dass durch den Europäischen Gerichtshof für Menschenrechte, die Europäische Konvention der Menschenrechte und Grundfreiheiten und auch die OSZE (siehe Herrmann: 2007: 17 und List: 2006: 176), ein System in Europa vorherrscht, was als Vorbild für eine globale Struktur sein könnte, jedoch müssen Staaten Kompetenzen an die UNO abgeben und auch die UNO muss in der Zusammensetzung von den Gremien reformiert werden (vgl. Schimmelfenning: 2008: 268-271), in dem die Dritte Welt Länder mehr Einfluss und Mitspracherecht bekommen, damit die Akzeptanz der UNO steigt. In Zukunft wird es wohl dazu kommen, dass, bedingt durch die Globalsierung, die Menschen in den meisten Ländern Zugang zu Internet und Telekommunikation bekommen werden und damit das Recht der Meinungs- und Pressefreiheit nicht unterdrückt werden kann, also die Menschenrechte mehr und mehr eingehalten und gestärkt werden, aber auch durch den wirtschaftlichen Aufschwung die Schere zwischen Arm und Reich in allen Ländern größer wird. Als Konsequenz ergibt sich immer noch eine „Ungleichheit" aller Menschen und damit folgenden (Bürger-)Kriegen (vgl. Herrmann: 2007: 14). Die UNO steht also vor der Aufgabe den Weltfrieden zu wahren und dabei allen Menschen die gleichen (Menschen-)Rechte zukommen zu lassen, was nur durch eine Reform der UNO möglich wäre, denn dann würden die benachteiligten „Dritte Welt" Länder mehr einbezogen und auf gleicher Stufe zu den „großen und reichen" Ländern (G-8 Ländern) stehen. Damit aber, vor allem in Zeiten des internationalen Terrorismus, die eigenen Menschenrechte nicht beschnitten werden, ist es wichtig sich selbst dafür zu engagieren, sei es in eine Organisation oder durch Teilnahme an Wahlen (als Wähler oder Kandidat), um im Notfall den „Herrschaftsvertrag" aufzukündigen (vgl. Herrmann: 2007: 12) und seine Rechte zu wahren, wie es auch schon in der Definition vom Anfang angedeutet wurde.

VII. Literaturverzeichnis

Bartsch, Bernhard (2008): Propagandaschlacht um Xinjiang. In: Oberhessische Presse vom 10.07.2009. Marburg. Hitzeroth Druck, Seite 15.

Baylis, John/ Smith, Steve/ Owens, Patricia (2008): The globalization of world politics. An introduction to internal relations. Oxford. Oxford Univ. Press. 4. Auflage, Seite 508-519.

Carlsnaes, Walter (2002): Handbook of international relations. London. Sage, Seite 462-479, 517-537.

Herrmann, Axel/ Bundeszentrale für politische Bildung (Hrsg.) (2007): Informationen zur politischen Bildung Nr. 297 – Menschenrechte. Bonn.

List, Martin (2006): Internationale Politik studieren. Eine Einführung. Wiesbaden. VS Verlag für Sozialwissenschaften, Seite 175-185.

Schilling, Thorsten/ Bundeszentrale für politische Bildung (2008): Fluter Nr. 29. Thema Menschenrechte – Dafür lohnt es sich, zu kämpfen. Bonn.

Schimmelfenning, Frank (2008): Internationale Politik. Paderborn. Schöning, Seite 267-288.

Schmidt, Manfred G. (2004): Wörterbuch zur Politik. Stuttgart. Kröner. 2. Auflage, Seite 443.

Internetquelle:

Sutter, Alex (redaktionell verantwortlich). Verein Humanrights.ch mit Sitz in Bern (2006). URL:<http://www.humanrights.ch/home/?idcat=7> (letzter Zugriff 27.07.2009).

VIII. Anlage 1

Allgemeine Erklärung der Menschenrechte vom 10. Dezember 1948 (Auszüge)

Da die Anerkennung der allen Mitgliedern der menschlichen Familie innewohnenden Würde und ihrer gleichen und unveräußerlichen Rechte die Grundlage der Freiheit, der Gerechtigkeit und des Friedens in der Welt bildet, [...] verkündet die Generalversammlung die vorliegende Allgemeine Erklärung der Menschenrechte als das von allen Völkern und Nationen zu erreichende gemeinsame Ideal, damit jeder einzelne und alle Organe der Gesellschaft sich diese Erklärung stets gegenwärtig halten und sich bemühen, durch Unterricht und Erziehung die Achtung dieser Rechte und Freiheiten zu fördern und durch fortschreitende Maßnahmen im nationalen und internationalen Bereiche ihre allgemeine und tatsächliche Anerkennung und Verwirklichung bei der Bevölkerung sowohl der Mitgliedstaaten wie der ihrer Oberhoheit unterstellten Gebiete zu gewährleisten.

Artikel 1
Alle Menschen sind frei und gleich an Würde und Rechten geboren. [...]

Artikel 2
Jeder Mensch hat Anspruch auf die in dieser Erklärung verkündeten Rechte und Freiheiten [...].

Artikel 3
Jeder Mensch hat das Recht auf Leben, Freiheit und Sicherheit der Person. [...]

Artikel 5
Niemand darf der Folter oder grausamer, unmenschlicher oder erniedrigender Behandlung oder Strafe unterworfen werden. [...]

Artikel 7
Alle Menschen sind vor dem Gesetze gleich und haben ohne Unterschied Anspruch auf gleichen Schutz durch das Gesetz. [...]

Artikel 9
Niemand darf willkürlich festgenommen, in Haft gehalten oder des Landes verwiesen werden. [...]

Artikel 12
Niemand darf willkürlichen Eingriffen in sein Privatleben, seine Familie, sein Heim oder seinen Briefwechsel noch Angriffen auf seine Ehre und seinen Beruf ausgesetzt werden. [...]

Artikel 13
Jeder Mensch hat das Recht auf Freizügigkeit und freie Wahl seines Wohnsitzes innerhalb eines Staates. Jeder Mensch hat das Recht jedes Land, einschließlich seines eigenen, zu verlassen. [...]

Artikel 14
Jeder Mensch hat das Recht, in anderen Ländern vor Verfolgungen Asyl zu suchen und zu genießen. [...]

Artikel 15
Jeder Mensch hat Anspruch auf Staatsangehörigkeit. [...]

Artikel 17
Jeder Mensch hat allein oder in der Gemeinschaft mit anderen Recht auf Eigentum. [...]

Artikel 18
Jeder Mensch hat Anspruch auf Gedanken-, Gewissens- und Religionsfreiheit. [...]

Artikel 19
Jeder Mensch hat das Recht auf freie Meinungsäußerung; [...]

Artikel 20
Jeder Mensch hat das Recht auf Versammlungs- und Vereinigungsfreiheit zu friedlichen Zwecken. [...]

Artikel 22
Jeder Mensch hat als Mitglied der Gesellschaft Recht auf soziale Sicherheit. [...]

Artikel 23
Jeder Mensch hat das Recht auf Arbeit, auf freie Berufswahl, auf angemessene und befriedigende Arbeitsbedingungen sowie auf Schutz gegen Arbeitslosigkeit. [...]

Artikel 26
Jeder Mensch hat Recht auf Bildung. [...]

Artikel 29
Jeder Mensch hat Pflichten gegenüber der Gemeinschaft, in der allein die freie und volle Entwicklung seiner Persönlichkeit möglich ist.
Informationsplattform Human Rights, http://www.humanrights.ch/home/front_content.php?idcat=7

Quelle: Herrmann: 2007: 16.

IX. Anlage 2

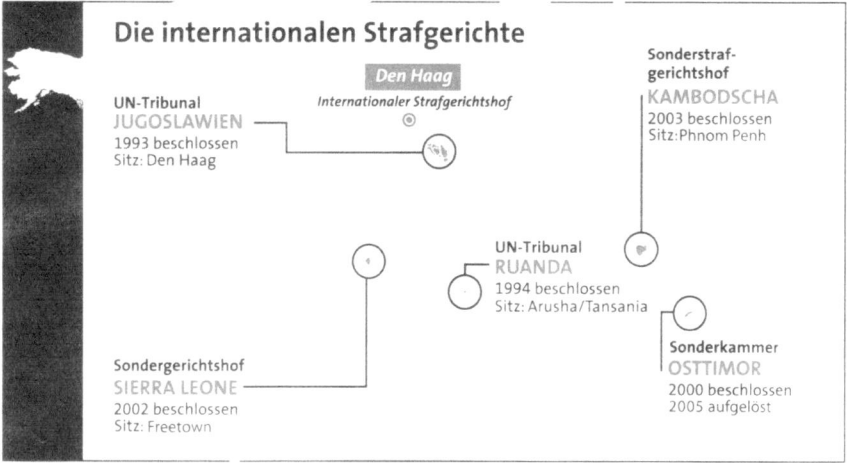

Die internationalen Strafgerichte

UN-Tribunal
JUGOSLAWIEN
1993 beschlossen
Sitz: Den Haag

Den Haag
Internationaler Strafgerichtshof

**Sonderstraf-
gerichtshof**
KAMBODSCHA
2003 beschlossen
Sitz:Phnom Penh

UN-Tribunal
RUANDA
1994 beschlossen
Sitz: Arusha/Tansania

Sondergerichtshof
SIERRA LEONE
2002 beschlossen
Sitz: Freetown

Sonderkammer
OSTTIMOR
2000 beschlossen
2005 aufgelöst

Quelle: Herrmann: 2007: 59.

X. Anlage 3

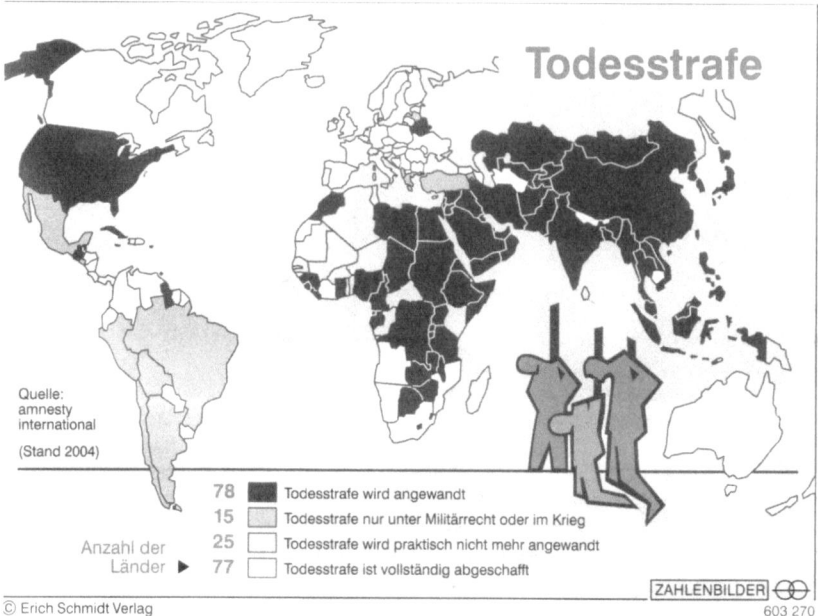

Quelle: Herrmann: 2007: 35.

BEI GRIN MACHT SICH IHR WISSEN BEZAHLT

- Wir veröffentlichen Ihre Hausarbeit, Bachelor- und Masterarbeit

- Ihr eigenes eBook und Buch - weltweit in allen wichtigen Shops

- Verdienen Sie an jedem Verkauf

Jetzt bei www.GRIN.com hochladen und kostenlos publizieren